ÉTUDE

SUR LA VIE ET LES OUVRAGES

DE

GUILLAUME DE St-AMOUR

PAR

M. CORNEILLE-SAINT-MARC,

PRINCIPAL DU COLLÉGE DE SAINT-AMOUR,
OFFICIER DE L'UNIVERSITÉ, ETC.

LONS-LE-SAUNIER,

IMPRIMERIE ET LITHOGRAPHIE DE GAUTHIER FRÈRES.

1865

ÉTUDE

SUR LA VIE ET LES OUVRAGES

DE

GUILLAUME DE St-AMOUR

PAR

M. CORNEILLE-SAINT-MARC,

PRINCIPAL DU COLLÉGE DE SAINT-AMOUR,
OFFICIER DE L'UNIVERSITÉ, ETC.

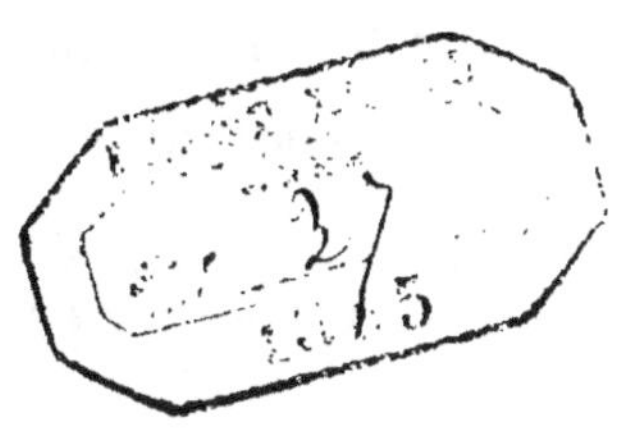

ÉONS-LE-SAUNIER,

IMPRIMERIE ET LITHOGRAPHIE DE GAUTHIER FRÈRES.

———

1865

OUVRAGE DU MÊME AUTEUR.

EN PRÉPARATION

Pour paraître très-prochainement :

Tablettes historiques et biographiques de la ville et du canton de Saint-Amour.

L'ouvrage formera deux parties :

1° Histoire politique, civile, militaire et ecclésiastique ;

2° Notice sur les familles et sur les personnages notables.

L'auteur recevra avec reconnaissance les renseignements historiques que l'on voudra bien lui adresser.

A MONSIEUR

DE LAVERNÉE,

MEMBRE DU CONSEIL GÉNÉRAL DU JURA,

MAIRE DE LA VILLE DE SAINT-AMOUR,

CHEVALIER DE LA LÉGION-D'HONNEUR.

A MESSIEURS

LES MEMBRES DU CONSEIL MUNICIPAL

DE LA VILLE DE SAINT-AMOUR.

A MESSIEURS

LES MEMBRES

DU BUREAU D'ADMINISTRATION

DU COLLÉGE DE SAINT-AMOUR.

*Faible hommage de ma reconnaissance
pour le concours bienveillant qu'ils m'ont prêté
dans l'exercice de mes fonctions
de Principal du Collége de Saint-Amour.*

Lons-le-Saunier, le 15 juin 1865.

CORNEILLE SAINT-MARC.

ÉTUDE

SUR LA VIE ET LES OUVRAGES

DE

GUILLAUME DE S^T-AMOUR.

§ I.

Le XIIIe siècle qu'on appelle souvent le siècle des croisades, fut aussi celui de la fondation des universités, qui partout remplacèrent les écoles monastiques, et tirèrent la science de la prison du cloître, pour la produire au grand jour (1). Cette période vit naître encore les ordres mendiants, ces adversaires redoutables des universités, qui eux aussi exercèrent une immense influence sur la société par leur prédication et par leur enseignement (2).

Ces grands événements, ces grandes institutions, croisades, universités, nouveaux ordres monastiques, amenèrent un immense mouvement de choses et d'idées. Tout s'anime, tout s'agite dans le monde matériel et dans le monde intellectuel : le commerce, l'industrie, les arts, les lettres prennent un essor inconnu. C'est le moment le plus remarquable du moyen âge, et sans les guerres désastreuses qui suivirent, c'est du XIIIe siècle qu'on aurait daté la Renaissance.

C'est au commencement de ce siècle si fécond en grands résultats que dans la petite ville de St-Amour en Franche-Comté, naquit en 1202, un homme qui devait prendre une part si importante aux événements de son temps. Guillaume de St-Amour,

---

(1)   *Université du* XIIIe *siècle.*

Paris,	fondée en	1200.	Padoue,	vers	1228.
Oxford,	vers	1206.	Cambridge,		1236.
Palencia,		1208.	Upsel,		1240.
Valence,		1209.	Rome,		1245.
Toulouse,		1215.	Montpellier,		1285.
Salamanque,		1223.	Lisbonne,		1290.
Naples,		1224.			

(2)   *Ordres mendiants du* XIIIe *siècle.*

Dominicains,	1216.	Carmes,	1254.
Franciscains,	1223.	Augustins,	1256.

génie ardent, fameux par ses talents et par ses écrits, par ses protecteurs, par ses apologistes, et plus encore peut-être par sa disgrâce.

§ II.

Nous savons peu de chose sur la naissance et sur les premières années de Guillaume. Quelques écrivains s'appuyant sur une phrase assez peu claire de son testament, pensent qu'il était de la famille des seigneurs de St-Amour; mais l'opinion la plus générale est qu'il naquit de parents peu riches et d'une médiocre condition. Si comme tant d'autres, il ne doit son illustration qu'à son mérite, sa gloire en est d'autant plus grande.

Guillaume fit ses premières études sous la direction des ermites de St-Augustin, qui étaient chargés du collége de la ville (1). Mais bientôt avide d'acquérir une instruction plus complète, il se rendit dans la capitale de la France, où florissait avec toute la vigueur d'une institution nouvelle, cette université de Paris, la plus ancienne et la plus glorieuse de toutes les universités de France. L'histoire de Guillaume se lie trop intimement avec celle des premiers temps de cette corporation fameuse, pour qu'il ne soit pas nécessaire, pour faciliter l'intelligence de notre récit, de faire connaître sommairement son origine, sa constitution et les priviléges qu'elle reçut de nos rois, priviléges exorbitants qui n'étant point calculés sur la force des institutions existantes, furent la cause des luttes retentissantes qu'elle eût à soutenir contre des corporations rivales, et auxquelles Guillaume prit une si grande part.

Alors, comme aujourd'hui, et même plus qu'aujourd'hui, Paris était la métropole du monde savant : l'enseignement y brillait d'un grand éclat ; la chair du professeur était la tribune politique et littéraire du temps. La rareté et le haut prix des livres rendaient nécessaire l'enseignement par la parole. Aussi de toutes les parties de l'Europe accourait à Paris une jeunesse studieuse, empressée d'entendre la voix des maîtres de la science.

Les maîtres se multipliaient en raison du nombre des disciples, et comme au moyen âge, tout était corporation, bientôt les écoliers, expression qui comprenait alors les professeurs et les auditeurs, se constituèrent à leur tour en corporation ; mais cette

(1) Les Augustins, ordre mendiant, furent fondés en 1276, comme nous l'avons dit plus haut, mais ils faisaient remonter leur origine à une société d'ermites ou de clercs réguliers, fondée par St-Augustin.

Une maison de cet ordre existait à St-Amour, où, suivant la tradition, elle aurait été établie vers 585, par Gontran, roi de Bourgogne, lorsque ce prince fonda l'église de St-mour.

association en compagnie n'a pas de date bien précise, elle fut l'œuvre de la force des choses et des habitudes contemporaines. Elle reçut de Philippe-Auguste en 1200, une charte qui la constitua d'une manière régulière, et lui accorda de grands priviléges : seule, elle eût le droit d'enseigner et de conférer les titres académiques qui furent alors institués : le doctorat, la licence et le baccalauréat. Nul ne pouvait professer sans être pourvu ; l'Université avait donc ce que nous appelons aujourd'hui le monopole de l'enseignement.

Un autre privilége non moins excessif, exemptait les maîtres et les écoliers de la juridiction du prévôt de Paris, chargé de la police de la capitale, et les soumettait à la seule compétence du juge ecclésiastique. Pour quelque délit que ce fût, les gens du prévôt ne pouvaient arrêter les écoliers, hors le cas de flagrant délit, et à la charge de les remettre sur-le-champ dans les mains du juge ecclésiastique (1).

Mais les écoliers, quoique revêtus de l'habit religieux, n'en conservaient pas toujours dans leur conduite, la décence et la tenue. Leurs querelles avec les bourgeois étaient fréquentes, et dégénéraient mainte fois en rixe et en bataille.

Le Prévot, gardien de l'ordre public, voulait sévir contre les perturbateurs. Alors l'autorité universitaire intervenait, et quand elle n'obtenait pas justice du roi, elle ordonnait la cessation des cours pensant que ce silence des études était pour le pouvoir la plus sévère leçon (2).

Tels étaient les principaux priviléges que la charte de 1200 accordait aux écoles. Mais, si par ces concessions exorbitantes, Philippe-Auguste consolida la nouvelle corporation, il n'en fut point le fondateur, l'erreur qui lui attribue la création de l'université, n'est pas moins grande que celle qui en fait honneur à Charlemagne. Ce n'est même que sous Saint-Louis que le nom d'*Université* fut donné exclusivement au corps chargé de l'enseignement de la jeunesse ; jusque là il s'appliquait à toute corporation dont les membres avaient des priviléges communs, On trouve souvent dans les écrivains du moyen âge, les mots *universitas mercatorum*, le corps des marchands pour désigner une corporation industrielle.

___

(1) « L'Université ne comptait dans son sein que des clercs ; les laïcs méprisaient
« l'étude et ne savaient pas lire. Or, un des priviléges des clercs étaient de ne recon-
« naître d'autre tribunal que celui du juge ecclésiastique ; c'était le droit commun dans
« toute la chrétienté. Quand Philippe-Auguste, par son ordonnance de 1200, et St-Louis,
« par son ordonnance de 1228, confirmèrent ce privilége à l'Université, ils n'octroyèrent
« pas une faveur nouvelle ; ils ne firent que rectifier un droit préexistant, généralement
« établi et reconnu, et qui partout où l'on étudiait, en France aussi bien qu'en Italie,
« était considéré comme la sauvegarde des écoles. »
Troplong, *Du pouvoir de l'État dans l'enseignement*, p. 85 et 86. — Crevier, *Histoire de l'Université*, T. I. p. 262 et suivantes.
(2) Crevier. T. I. p. 27. — T. II. p. 147.

Quoiqu'il en soit, c'est deux ans seulement avant la naissance de Guillaume, que cette belle et utile institution fut légalement constituée par la charte de Philippe-Auguste. Dès lors elle régularisa son enseignement, et le développa avec cette énergie des corporations nouvelles qui sentent leur maturité. Elle vit bientôt accourir à ses leçons les hommes les plus distingués de l'Angleterre, de l'Italie, de l'Espagne et de l'Allemagne, qui venaient perfectionner leurs études à ce foyer de la science.

§ III.

Guillaume vint à son tour : c'était une de ces natures énergiques qui pour arriver à leur but savent surmonter tous les obstacles. Au prix d'un travail assidu, il acheta cette science si précieuse à ses yeux qu'il ne croyait pas pouvoir la payer trop cher. Lorsqu'il eut achevé le cours des études longues et laborieuses auxquelles étaient assujettis ceux qui se destinaient aux professions savantes, il reçut les ordres sacrés, et obtint le titre de docteur en Sorbonne, alors si glorieux et si recherché.

A partir de ce jour, un nouvel avenir s'ouvrit devant lui ; il se livra au ministère de la parole évangélique ; et dans ce Paris, rendez-vous de tous les hommes d'élite de l'Europe, et si riche en orateurs célèbres, il sut promptement se placer aux premiers rangs. Ses succès le firent remarquer, l'église de Beauvais l'admit au nombre de ses chanoines. L'Université aussi habile à distinguer les grands talents, que jalouse de se les attacher, confia à Guillaume une chaire de Théologie. Avec son enseignement, commença l'ascendant impérieux de son érudition. On eut dit qu'il donnait à la philosophie un nouveau jour, à la théologie une forme nouvelle et plus attrayante ; aussi des disciples nombreux se serraient autour de sa chaise pour recevoir ses leçons.

Sa renommée grandit de jour en jour ; dans un siècle si érudit, sur un pareil théâtre, se faire connaître est un indice de mérite ; se distinguer, en est une preuve ; percer, briller, c'est le privilége d'un esprit supérieur, ce fut celui de Guillaume. Au reste, nommer les amis d'un homme, c'est le juger, et les amis de Guillaume, furent les personnages les plus savants d'une époque si féconde en hommes savants et vertueux. Ce furent les chefs de cette université de Paris justement renommée par sa science et par la sainteté de sa doctrine, ce furent les prélats les plus illustres de l'épiscopat français qui l'admirent dans leur familiarité la plus intime. Dans ce nombre il faut placer au premier rang Robert Sorbon, qui non-seulement le comptait au nombre de ses amis les plus chers, mais qui s'éclaira de ses conseils, lorsqu'il fonda cette maison gardienne si sévère de l'orthodoxie chrétienne que Mézeray l'appelle le Concile permanent des Gaules (1).

L'université justement fière des succès de Guillaume, le plaça à sa tête en l'élevant au rang de recteur, la plus haute distinction dont elle put disposer, et dont à toutes les époques les hommes les plus éminents se faisaient gloire d'être revêtus (2).

Honoré de pareilles amitiés, estimé de tous ses contemporains, occupant la plus haute position de l'université, Guillaume put sans trop d'orgueil se regarder comme un des hommes marquants de son âge. C'est alors que par une reconnaissance que j'appellerais volontiers filiale, il joignit le nom de la ville qui lui avait donné jour au sien déjà célèbre : on ne l'appela plus que Guillaume de Saint-Amour.

Dans ces temps où la terre anoblissait l'homme, on vit souvent par un juste retour, les hommes de science ennoblir les lieux qui les avaient vus naître : le nom de Saint-Amour uni à celui de Guillaume retentit dans toute l'Europe savante.

§ IV.

Cependant l'université avait déjà des ennemis; des congrégations rivales lui disputaient la prérogative de l'enseignement, et dès lors commençait cette longue lutte entre elle et le clergé régulier (3).

Tous les ordres monastiques de l'Occident avaient successivement adopté la règle promulguée par Saint-Benoit vers 529 et qui associait le travail des bras à celui de l'esprit. Elle unissait aux exercices de piété, la culture des terres, les travaux littéraires et l'enseignement : une école était ordinairement annexée à chaque monastère.

Les divers ordres religieux qui furent ultérieurement créés, restèrent fidèles à cette pensée; partout, surtout en France, le clergé régulier se livrait plus ou moins à l'éducation de la jeunesse. On

---

(1) Nùm, quod vix quidem credideris, doctorem theologum, virum pium, spectatæ famæ, inculpatæ vitæ, multis qui tum vivebant, Franciæ episcopis amicum et familiarem ; in primis verò Roberto de Sorbona, toto orbe inclytæ domus fondatori, adeo summe carum, et ita probe notum, ut eum etiam in suum sodalitium acciverit ....
Introduction placée en tête des *œuvres de Guillaume*, p. 1.

(2) Le Recteur avait toujours le pas sur les évèques, et même sur les cardinaux et sur le nonce du pape, dans les actes publics de l'Université.
Lorsqu'un Recteur mourait dans l'exercice de ses fonctions, on lui rendait les mêmes honneurs qu'aux princes du sang. — Il était enterré de droit à St-Denis. — Voyez Barbier dans son journal, T. 1. p. 273.

(3) Le clergé régulier est celui qui est soumis à une règle spéciale et qui vit en communauté. — Le clergé séculier est celui qui n'obéit point à une règle monastique, les évèques, le clergé des paroisses, etc.

sait quel fut au moyen âge le nombre et la célébrité des écoles monastiques (1), mais elles ne départissaient guère la science qu'aux membres du clergé : on n'étudiait que dans l'église, et pour l'église, dit M. Troplong. La création de l'Université, corps tout-à-fait séculier, fit sortir la science du cloître, et la mit à la portée de tous ; l'alarme fut grande dans le clergé ; il opposa à l'institution nouvelle, dans les ordres mendiants, des adversaires redoutables qui prétendirent lui arracher la collation des grades pour s'en emparer eux-mêmes, et instruire librement en dehors de la juridiction universitaire.

Les mêmes motifs qui nous ont engagé à donner quelques détails sur la fondation et les priviléges de l'Université, nous portent à dire quelques mots sur l'origine des ordres mendiants qui occupent une si grande place dans l'histoire de Guillaume.

On comptait quatre ordres principaux de moines mendiants, ainsi appelés parce qu'ils faisaient profession de mendier, de vivre de quêtes et d'aumônes : les Dominicains, les Franciscains, les Carmes et les Augustins : c'est ce qu'on appellait *les quatre mendiants*. L'espagnol Dominique institua en 1216, l'ordre des frères prêcheurs, appelés Dominicains, du nom de leur fondateur, et Jacobins, parce que leur premier couvent fût bâti dans la rue St-Jacques.

Vers la même époque, St-François d'Assise, créa l'ordre des Franciscains (2), confirmé en 1223, par une bulle du pape Honorius III.

St-Louis à son retour de la croisade, amena en France en 1254, des religieux du mont Carmel, qu'on appela *Carmes*.

Enfin en 1256, le pape Alexandre IV, réunit en une seule congrégation des ermites de différentes institutions, qui prétendaient pour la plupart faire remonter leur origine à St-Augustin, et il leur donna le nom d'*Ermites de St-Augustin* (3).

Telle fut l'origine des ordres mendiants, soustraits à la juridiction des évêques, ils ne relevaient que du pape ; ils faisaient profession de ne point posséder de biens, même en commun, et de ne subsister que des aumônes journalières des fidèles. Ils s'adonnaient surtout à l'étude et à la prédication ; ils couraient le monde pour porter l'Evangile au milieu des pauvres. Ils prêchaient partout, dans les carrefours et sur les chemins ; leur vie

(1) Le XIIe siècle avait vu s'élever dans les limites de l'ancienne Gaule 702 monastères nouveaux, le XIIIe siècle en fonda 287. C'étaient autant d'écoles.

(2) Au XVe siècle, les Franciscains furent réformés par St-François de Paule, et prirent par humilité le nom de Minimes. — Les Franciscains ont donné naissance aux Recollets, du latin *recollectus*, recueillis, à cause de leur recueillement. — Aux Capucins qui tiraient leur nom du capuchon ou capuce dont ils couvraient leurs têtes. — Enfin aux Cordeliers ainsi nommés de la corde ou cordelière dont ils se ceignaient les reins.

(3) Les religieux de l'ordre de St-Augustin dont il est question ici, ne doivent pas être confondus avec les chanoines réguliers de St-Augustin, beaucoup plus anciens.

errante leur fit donner le nom de *Gyrovagues* (1), sous lequel Guillaume les désigne presque toujours.

Hâtons-nous de dire qu'ils comptaient dans leurs rangs les savants les plus célèbres de ces temps, et les surnoms par lesquels on les distingua, prouvent l'admiration de leur siècle. Duns Scott, le docteur Subtil, Raymond Lulle, Roger Bacon, le docteur admirable, Bonaventure, le docteur séraphique, étaient Franciscains ; Albert, surnommé le Grand, et St-Thomas le docteur universel, étaient Dominicains.

Albert inventa une machine parlante, Roger Bacon découvrit la poudre à canon, le télescope et le microscope, St-Thomas d'Aquin, dit M. de Chateaubriand, est un génie tout-à-fait comparable aux plus rares génies des temps anciens et des temps modernes ; il tient de Platon et de Malebranche pour la spiritualité, d'Aristote et de Descartes pour la clarté et la logique.

Ces hommes formaient des écoles, avaient des disciples comme les anciens philosophes de la Grèce : les Scottistes et les Thomistes, les réalistes nominaux ressuscitèrent les deux sectes de la forme et de l'idée, les écoles d'Aristote et de Platon (2).

Tels furent les adversaires redoutables que les ordres mendiants opposèrent à l'Université, et qu'eût à combattre Guillaume de St-Amour.

§ V.

Les priviléges exorbitants accordés à l'Université, par lesquels quinze ou vingt mille écoliers, étaient soustraits à l'autorité des magistrats de la ville, non-seulement étaient un danger permanent pour la tranquillité publique, mais encore, ils furent souvent funestes à l'institution elle-même.

C'est ce qui arriva en 1229, pendant la minorité de St-Louis. Des écoliers, après avoir bu et joué dans un cabaret du faubourg Saint-Marceau, disputent sur le prix du vin, injurient et frappent violemment le cabaretier, les voisins accourent à son secours, mettent en fuite les écoliers dont plusieurs furent battus et même blessés. Ceux-ci animés par le désir de la vengeance, reviennent le lendemain en plus grand nombre ; ils dévastent entièrement la maison du cabaretier, brisent ses meubles et répandent son vin ; puis comme des furieux, ils parcourent les

(1) De deux mots latins *Gyrus* et *vagari*, *errer ça et là*.
« On appelait ainsi dit Fleury (*Institution au droit ecclésiastique*, Ch. xxi), des « moines errants, qui abusaient de l'hospitalité des vrais moines, pour se faire bien trai-« ter ; ils entraient en tous lieux, se mêlaient avec toutes sortes de personnes, sous prétexte « de les convertir, et menaient une vie déréglée à l'abri de l'habit monastique qu'ils « déshonoraient. »
(2) Châteaubriand, *Analyse raisonnée de l'histoire de France*, T. iii. p. 414.

rues frappant, blessant, tuant même, tous ceux qu'ils rencontrent, sans distinction ni d'âge ni de sexe.

Le prévôt de Paris accourt avec ses archers ; il veut arrêter les coupables, les écoliers résistent, plusieurs sont blessés et quelquelques-uns tués (1).

L'Université n'ayant pu avoir justice de ce meurtre, cessa entièrement ses cours, en vertu d'une bulle de Grégoire IX, qui l'autorisait à interrompre ses leçons, lorsque ses droits étaient lésés.

Profitant habilement des circonstances, forts de l'appui de l'archevêque de Sens (2), de l'évêque de Paris, de celui du chancelier de l'Université lui-même, les Dominicains se firent recevoir docteurs en théologie, et ouvrirent immédiatement une chaire publique de théologie.

L'Université ayant été rétablie quatre ans après, non-seulement les Dominicains, qui étaient soutenus par St-Louis, surent se maintenir en possession de cette chaire, mais ils voulurent en avoir une seconde. L'Université, corps ecclésiastique, mais séculier, voyait avec ombrage le clergé régulier pénétrer dans ses rangs ; elle pensait que les réguliers obéissant à des lois spéciales, qui en font un corps dans un corps, sont un sujet de froissement pour l'association dans laquelle ils n'entrent qu'à demi (3). D'ailleurs on commençait à parler de l'ambition des nouveaux ordres religieux (4), de leur tendance à capter la richesse temporelle, et à absorber les droits de l'ordinaire (5), par la prédication et la confession (6), et l'Université n'en était que plus portée à craindre de se donner des maîtres en croyant ne prendre que des auxiliaires (7).

Cependant comme les ordres mendiants renfermaient des hommes supérieurs, tout en leur laissant le droit d'enseigner dans l'intérieur de leur couvent, la théologie aux religieux de leur ordre, elle consentit à leur accorder une certaine part dans les chaires publiques de théologie ; mais elle prit un arrêté ordonnant que nul ne serait reçu docteur, s'il ne jurait d'observer les statuts de l'Université, et portant en outre qu'à l'avenir, nulle congrégation ne pourrait posséder à la fois deux chaires publiques.

A ce coup d'autorité, les moines jetèrent les hauts cris ; ils

(1) Crevier, T. ı. p. 262.— Dulaure, *Histoire de Paris*, T. ı. p. 162.

(2) Sens était alors la métropole de Paris, qui n'était qu'un simple évêché.

(3) Crevier, T. ı. p. 410.

(4) Voyez les plaintes des évêques, dans Crevier, T. ı. p. 102 - 154.

(5) En terme de jurisprudence canonique, *l'ordinaire* est l'archevêque ou l'évêque qui a la juridiction ecclésiastique dans l'étendue de son évêché ou de son archevêché, *Proprius pastor*. On appelle ces prélats ordinaires, parce qu'ils sont établis et qu'ils jugent suivant le droit commun et ordinaire.

(6) Crevier, T. ı. p. 392 - 393. — Duboulay, *Histoire de l'Université*, T. ııı. p. 248.

(7) Duboulay appelle l'admission des ordres mendiants dans l'Université : *Turbatio universitatis à mendicantibus*. Voyez sur cette question Troplong, p. 94 et suivantes.

accusèrent l'Université d'impiété, et la dénoncèrent au roi comme ayant conspiré contre les lois du royaume (1). Ils ne voulurent point jurer d'observer les statuts, et prétendirent qu'on leur accordât à perpétuité deux chaires de philosophie.

A ce refus d'obéissance, l'Université les priva de leur chaire, et les exclut de son corps (2). Ils portèrent leurs plaintes à la reine Blanche, régente du royaume, en l'absence du roi, et s'adressèrent au pape pour obtenir leur rentrée universitaire. Ceci se passait en 1252 (3). Les longues querelles qui en résultèrent ne durèrent pas moins de 7 années, et ne furent terminées qu'en février 1260.

Maître Luc, chanoine de Paris, grand partisan des Dominicains, fut nommé commissaire du St-Siége et chargé d'informer dans cette affaire. Il suspendit tous les membres de l'Université de leurs fonctions, et fit publier sa sentence dans toutes les paroisses de la capitale, nonobstant l'appel de l'Université.

L'Université, de son côté, fit signifier à toutes les communautés le décret par lequel elle avait exclu les Dominicains; et elle écrivit en 1254, une lettre à tous les évêques de France, pour se plaindre de la conduite de ces religieux. Innocent IV qui les avait favorisé jusque là, leur fit défense de faire aucune fonction ecclésiastique sans l'approbation de l'ordinaire. Ce pape étant mort, sa bulle fut révoquée par Alexandre IV, protecteur des ordres religieux, qui ne donna pas moins de quarante bulles en leur faveur.

Ce fut dans ces circonstances que le zèle déployé par Guillaume de St-Amour contre les ordres mendiants, le fit choisir par l'Université de Paris, pour défendre ses intérêts menacés.

« Au milieu de tant de passions, de manœuvres sourdes et « de violences éclatantes qui signalèrent ces longs débats, dit « Dulaure, dans son histoire de Paris (4), un seul homme « montra un caractère digne de figurer honorablement dans « l'histoire; c'est Guillaume de St-Amour. En défendant la cause « de l'Université, il arracha le voile d'hypocrisie qui couvrait la « conduite des moines mendiants (5).

Guillaume, génie ardent, ami des disputes, il faut bien le re-

---

(1) « Statuta contra Deum et universalem ecclésiam edidisse, nec non conspirationes « illicitas contra Domini regis honorem et regni commoda, quod absit, perpetione. » Duboulay, T. III p. 245.

(2) Crevier, T. I. 397 - 401. Voyez surtout Duboulay, T. III. p. 245.

(3) Duboulay, T. III. p. 255. — Crevier, T. III. p. 402.

(4) T. I. p. 464.

(5) Les ordres mendiants eurent pour principaux champions Albert-le-Grand et St-Thomas d'Aquin; l'Université de Paris fut vaillamment défendue par Guillaume de St-Amour, et d'autres savants docteurs.—Des Michels, *Précis de l'histoire du moyen âge*, p. 341.—Guillaume de St-Amour contesta au pape le droit d'accorder aux moines mendiants le privilège de prêcher et de remplir les autres fonctions de moines de paroisse. — Duruy. *Histoire de France et du moyen-âge*, p. 443. — Les professeurs de l'Université furent même persécutés, Guillaume de St-Amour, son plus zélé défenseur, fut exilé par le pape.

connaître, incapable de se modérer dans la discussion, apporta dans cette affaire toute l'impétuosité de son caractère. Lorsque les ennemis de l'Université ne reculaient devant aucun moyen pour l'attaque, il n'hésita pas pour la défendre à leur arracher le masque de piété sous lequel ils cherchaient à cacher leurs vues ambitieuses et intéressées. Tout en respectant les individus, en rendant même justice à leurs talents et à leur caractère, il démontra les vices des institutions. Il fit voir les moines mendiants, sous prétexte de charité, se mêlant de toutes les affaires publiques et particulières, entrant dans le secret des familles, se chargeant de l'exécution des testaments, et accaparant les legs au profit de leur ordre. Il les montra soustraits à l'autorité épiscopale, usurpant les fonctions du clergé des paroisses dont ils ruinaient l'influence salutaire, à l'aide de la confession et de la prédication, malgré les réclamations presque unanimes des évêques qui s'opposaient vainement à ces dangereuses innovations.

On comprend combien, en présence de telles attaques, dut être grande l'irritation des religieux mendiants.

Les Dominicains accusèrent Guillaume d'avoir publié des libelles diffamatoires contre le souverain Pontife. Cette accusation ayant été portée devant le roi, ce prince en renvoya la connaissance à Renaud de Corbeil, évêque de Paris. Guillaume prouva clairement son innocence et la fausseté de l'accusation.

Les Dominicains en inventèrent une autre : ils accusèrent Guillaume d'avoir avancé dans ses sermons et dans ses écrits des propositions erronées contre l'esprit de pauvreté évangélique dont ils faisaient profession. Une seconde fois, Guillaume se justifia dans un sermon qu'il prononça à cet effet dans l'église des Saints-Innocents.

Il y a, dit-il, deux sortes de pauvreté : La première qui est une renonciation volontaire à ce qu'on pourrait légitimement posséder ; il est loin de la désapprouver ; la seconde qui n'est autre que la mendicité, n'est pas une vertu, ce n'est qu'une paresse criminelle, il la blame fortement, et demande qu'elle ne soit pas tolérée.

Cette doctrine eut de nombreux partisans.

§ VI.

Enfin le roi fit conclure en 1256 entre l'Université et les Dominicains, un accomodement par lequel ceux-ci furent rétablis

---

— Troplong. *Du pouvoir de l'Etat sur l'enseignement*, p. 96. — Guillaume de St-Amour, célèbre professeur de l'Université de Paris, défendit le corps dont il faisait partie, contre les prétentions des ordres religieux qui voulurent établir des chaires publiques.—Tissot. *Leçons et modèles de littérature française ancienne et moderne.* — Guillaume de Saint-Amour fut le plus passionné et le plus illustre des défenseurs de l'Université.— Chéruel. *Dictionnaire historique des substitutions de la France*, p. 1286.

dans leur chaire en renonçant à leurs autres prétentions. Mais la paix ne dura pas longtemps, et la guerre recommença avec plus de vivacité que jamais, c'est alors *qu'à la demande des évêques* (1), que Guillaume publia son fameux livre : *De periculis novissimorum temporum,* (des périls de ces derniers temps), qui donna lieu aux Dominicains de recommencer leurs plaintes. Quoiqu'au commencement de cet ouvrage, Guillaume proteste qu'il ne parlera contre personne en particulier, ni contre aucun ordre approuvé, on voit bien que cette protestation n'est pas sincère, lui-même, d'ailleurs, il faut bien le dire, n'aurait pas voulu que l'on se trompât à la ressemblance de ses tableaux. Il soutient que les religieux mendiants, sous prétexte d'humilité, de pauvreté et de mendicité, nourrissent un orgueil et une ambition par lesquels ils se préfèrent aux autres, veulent secouer le joug et entreprendre sur les droits des légitimes pasteurs : il veut au contraire qu'ils soient soumis aux évêques et aux curés. Il affirme que ce n'est pas un acte de vertu de se réduire volontairement à la mendicité ; que, s'il est bon d'être prêt à tout quitter pour Jésus-Christ, lorsqu'on y serait contraint, un religieux qui, sous l'espérance d'une aumône assurée, vit dans l'oisiveté, ne saurait être sauvé ; qu'on ne doit donc point donner l'aumône, mais la correction à des mendiants valides. Il prévoit les malheurs qui menacent l'église et qui viendront de ces mendiants qu'il ne nomme pas, mais qu'il est impossible de ne pas reconnaître. C'est aux évêques, dit-il, qu'il appartient de détourner le péril ; le moyen c'est de maintenir la subordination aux pasteurs, et d'empêcher ceux qu'il appelle les faux prédicateurs, les oisifs, les gyrovagues, de pénétrer dans les maisons pour y mendier ; de les empêcher surtout de s'emparer de l'esprit des femmes par la confession et de rien recevoir pour prix de leurs sermons.

Il fait connaître ensuite à quels signes on peut distinguer les véritables et les faux ministres du Seigneur. Il n'en compte pas moins de quarante, en voici quelques-uns pris au hasard :

1° Les vrais pasteurs ne pénètrent point dans les maisons, pour s'emparer de l'esprit des femmes par la confession, comme le font les faux pasteurs ;

2° Quoique les faux pasteurs n'aient point, d'après les pouvoirs qui leur sont conférés, le droit de prêcher et de dispenser les sacrements, cependant ils veulent vivre de l'Evangile et non du travail de leurs mains ;

3° Les vrais pasteurs ne flattent point les hommes pour ne obtenir des aumônes, comme le font les faux pasteurs ;

---

(1) Guillelmus noster una cum aliis magistri pariensibus, libellum de periculis novissimorum temporum, *ad prœlatorum prœces* in lucem edidit. OEuvres de Guillaume.— Introduction, p. 28.

4° Les vrais pasteurs ne s'emparent point des biens temporels de ceux qu'ils instruisent par leurs prédications ; c'est là ce qui les fait distinguer des loups, c'est-à-dire des faux pasteurs ;

5° Les vrais pasteurs ne vont point de tous côtés, comme des vagabonds, adresser leurs sermons à ceux qui ont leurs pasteurs, parce qu'ils ne cherchent pas à acquérir de la gloire parmi les populations qui leur sont étrangères (1).

Chacune de ces propositions est développée et accompagnée de preuves tirées des saintes écritures, de la glose ordinaire, du droit canon et de quelques pères.

L'attaque était violente ; il ne faut pas s'étonner si les moines mendiants s'en émurent ; ils opposèrent à Guillaume deux redoutables adversaires, St Thomas d'Aquin et St Bonaventure, leurs plus illustres docteurs. Le premier *in opuscula contra impugnantes religionem* (2), et le second, dans le livre de *paupertate Christi, adversus magistrum Guillelmum* (3), défendirent avec autant d'ardeur que de talent les ordres auxquels ils appartenaient.

Certes, il est fâcheux pour Guillaume d'avoir compté de tels personnages parmi ses ennemis ; c'est un malheur qui pesa lourdement sur sa vie, et qui pèse encore aujourd'hui sur sa mémoire. En voyant des hommes si bien faits pour s'apprécier et s'estimer, se poursuivre et s'attaquer avec acharnement, on ne peut s'empêcher de déplorer les funestes effets de l'esprit de corps ; mais on se dit en même temps : Quel homme était donc Guillaume, pour que l'on crut utile de réunir contre lui de pareils adversaires.

§ VII.

Après bien des phases diverses, la querelle entre l'Université et les ordres religieux, fut portée juridiquement en cour de Rome, en l'année 1256.

L'Université envoya auprès du Saint-Siége, une députation à la tête de laquelle elle plaça Guillaume de St-Amour.

Les Franciscains et les Dominicains l'avaient prévenue par

(1) 1o Veri apostoli non penetrant domos, nec captivas ducunt mulieres oneratas peccatis, sicut faciunt pseudo.

2o Cum pseudo ex potestate quam habent, non sunt evangelistæ, aut dispensatores sacramentorum, tamen volunt vivere de evangelio, et non de labore manuum.

3o Veri apostoli non adulantur hominibus quœstus causâ, sicut pseudo adulantur.

4o Veri apostoli non capiunt bona temporalia illorum quibus prædicant ; per quod discernuntur à lupis, idest à pseudo.

5o Veri apostoli non vadunt ad prædicandum illis qui alios habent apostolos, quia nolunt gloriari in plebibus alienis.

(2) Opuscule contre ceux qui attaquent la religion.

(3) De la pauvreté de Jésus-Christ, contre Maître Guillaume.

l'envoi de saint Thomas, de Bonaventure et d'Albert-le-Grand.

Avant l'arrivée de Guillaume, les religieux obtinrent une bulle d'Alexandre IV, qui condamnait le livre des *Périls des derniers temps*, composé, était-il dit, en haine et au scandale des religieux. Le pape ordonna en outre que les quatre députés de l'Université seraient exilés du royaume de France, si sans aucun délai, ils n'adhéraient à la condamnation du livre des *périls*.

Etant arrivé à Agnani où se trouvait le souverain Pontife, les compagnons de Guillaume se laissèrent gagner ou intimider, et se soumirent à la volonté du pape. L'exil prononcé contre eux, fut levé, il s'en retournèrent honteusement en France. Mais Guillaume resta courageusement et demanda à se défendre. Le pape le renvoya devant une commission de cardinaux nommée à cet effet. Là, il se trouva en face de ses ennemis ; il plaida sa cause avec tant d'énergie, et démontra si bien la fausseté des imputations portées contre lui, qu'il gagna son procès, et sortit victorieux et triomphant de ce tribunal où il était entré condamné (1).

Sa santé s'était altérée pendant tous ces débats ; son affaire semblait terminée, rien ne le retenait à Rome ; il obtint du pape, l'autorisation de retourner à Paris.

Mais à peine est-il parti que ses ennemis s'agitent de nouveau ; des jalousies subalternes se mettent en mouvement ; Guillaume était un adversaire si redoutable qu'il fallait s'en délivrer à tout prix, et comme il n'avait pas suffi pour le vaincre des antagonistes qu'on lui avait opposés, on trompa la religion d'un grand roi : St-Louis, partisan dévoué des ordres mendiants, demanda au Saint-Siége la condamnation de Guillaume.

Le pape eut la faiblesse de céder ; il revint sur son premier jugement ; il adressa à Guillaume une lettre par laquelle il lui défendait de rentrer en France, et lui interdisait pour toujours la faculté d'enseigner et de prêcher.

Si l'on pouvait douter de l'intervention du roi, la lettre que le pape écrivit au monarque, à cette occasion, ne laisserait aucun doute à cet égard.

« Puisque votre altesse royale nous a demandé, ainsi que nous
« pensons qu'elle se le rappelle, d'interdire l'entrée de son royaume
« à ce même Guillaume, ce que nous avons cru devoir faire par
« les motifs exposés plus haut, nous prions votre Sérénité, et
« nous lui recommandons expressément de ne permettre sous
« aucun prétexte que le dit Guillaume rentre dans vos états (2).

(1) André Duchêne. — *Chronique de Normandie.* — année 1256.
(2) Duboulay, T. III. p. 343.

§ VIII.

Les ennemis de Guillaume ont prétendu qu'il avait été excommunié ; pour reconnaître la fausseté de cette accusation, il
ne faut que lire sans prévention, la bulle du .pape, qui le con-
damne à l'exil.

Nous la rapportons en entier, car il nous paraît surtout important de laver la mémoire de Guillaume de ce reproche calomnieux.

« Alexandre, évêque, serviteur des serviteurs de Dieu, à Guil-
« laume de Saint-Amour, pour le ramener dans la bonne voie.

« A cause des fautes graves et nombreuses que vous avez com-
« mises, et spécialement à cause de l'ouvrage pernicieux et dé-
« testable que vous avez composé, et que nous avons déjà cen-
« suré et condamné de l'avis de nos frères, vous avez mérité
« une forte punition.

« Nous voulons, et, au nom de l'obéissance que vous nous
« devez, d'après le serment que vous avez prêté, de vous
« conformer exactement à nos ordres, sous peine d'excommu-
« nication et de privation de vos bénéfices (peines que nous
« voulons que vous encourriez par le seul fait de tentative de
« désobéissance à nos ordres,) et cela sans préjudice des autres
« ordres que nous pourrons vous donner, nous vous mandons
« de ne rentrer en France dans aucun temps, sans une permis-
« sion expresse de notre autorité apostolique ; et en outre, nous
« vous interdisons à toujours la faculté d'enseigner et de prê-
« cher ; de telle sorte que vous ne vous permettrez d'enseigner
« en quelque lieu que ce soit, ni de prêcher, soit devant des
« clercs, soit devant le peuple, sans notre permission.

« Donné à Viterbe, le 8e jour des ides d'Auguste, la 3e année
« de notre pontificat. »

Après la lecture de ce document, dans lequel le souverain
Pontife menace notre savant docteur d'excommunication, s'il
n'obéit pas à ses ordres, il nous paraît difficile que l'on persiste
à soutenir qu'il a été excommunié. Si quelqu'un pouvait encore
conserver quelques doutes à cet égard, nous l'engagerions à consulter les auteurs contemporains, et en particulier Guillaume de
Nangis (1). Cet écrivain dans sa vie de St-Louis, année 1255,
parle très avantageusement de Guillaume de St-Amour ; il s'attache surtout à démontrer que celui-ci n'a pas été excommunié,
comme quelque personne l'ont cru à tort, son livre fut condamné et brûlé à Agnani, non pour avoir contenu des hérésies,

____

(1) Guillaume de Nangis, savant Bénédictin de St-Denis, mort en 1300, a écrit une
vie de St-Louis et de ses frères.

mais parce qu'il excitait à la sédition contre les religieux et au scandale contre la religion.

« Non propter hœresim quam contineret, sed quia contra « prœfatos religiosos seditionem et scandalum concitabat. »

Un reproche plus fondé que l'on peut adresser à Guillaume, c'est d'avoir quelquefois dépassé les bornes de la modération, dans ses réponses à ses adversaires ; mais il faut bien le reconnaître, ils lui donnaient dans leurs attaques, l'exemple d'une violence portée aux dernières limites. D'un autre côté, la plupart des plaintes qu'il éleva contre les ordres mendiants n'étaient que trop réelles. Les frères mendiants, dit Fleury, sous prétexte de charité, se mêlaient de toutes sortes d'affaires publiques et particulières. Ils entraient dans les secrets des familles, et se chargeaient de l'exécution des testaments. Mais ne consultons que les écrivains contemporains de Guillaume: tous, prosateurs et poètes, semblent s'être concertés pour se récrier contre la corruption des moines de leur temps. Nous n'oserions répéter tout ce qu'ils disent à ce sujet (1).

Le relâchement des religieux a mis maintes fois l'église dans la nécessité de faire des réformes ; les plus anciens conciles ont fait à ce sujet des règlements renouvelés de siècle en siècle, et toujours inutiles (2).

Peut-on raisonnablement faire un crime à Guillaume d'avoir dénoncé des faits confirmés par tous les écrivains de son temps? Blâmer le vice, c'est faire l'éloge de la vertu. N'oublions pas d'ailleurs ce que dit Grégoire le grand : Si du récit d'un fait véritable, il résulte du scandale, il vaut mieux laisser naître le scandale, que de renoncer à la vérité (3).

§ IX.

St-Louis chérissait tellement les religieux de St-Dominique et de St-François, qu'il disait, comme le rapporte Fleury, que s'il pouvait faire deux parts de sa personne, il en donnerait une à chacun de ces deux ordres. Aussi après avoir sollicité la sentence du pape, il en assure l'exécution, et sur l'ordre ou la prière du pontife, comme on voudra, il interdit l'entrée de son royaume

(1) Rutebœuf, dans sa chanson sur les *ordres de Paris ;* Guillaume de Loris, dans le roman *de la Rose* ; Gautier de Metz dans sa *Mappemonde* ; Gautier de Coinsy, dans son *poème sur sainte Léocade*, etc., etc., tracent le tableau des mœurs déréglées des moines de leur temps. On peut consulter à ce sujet M. de Châteaubriand, dans son *Analyse raisonnée de l'Histoire de France*, T. III. p. 420 et suivantes, et Dulaure, *Histoire de Paris*, T. I. p. 474 et suivantes.

(2) Dulaure, T. I. p. 385 et 386.

(3) Si autem de veritate scandalum sumitur, utilius permittitur nasci scandalum quam veritas relinquatur, (St-Grégoire, *Homélie* 7, nᵒ 5), T. I. p. 1225.

à Guillaume, condamné après avoir été absous, et sans avoir été entendu.

Cet acte arbitraire trouva des censeurs. Jean de Meung ou Clopinel (1), qui était cependant de l'ordre de St-Dominique, parle ainsi de Guillaume de St-Amour, dans le roman de *la Rose* dont il est le continuateur :

> Être banni de ce royaume,
> A tort, comme maître Guillaume
> De St-Amour, qu'hypocrisie
> Fit exiler par grande envie.....

Guillaume se soumit à la condamnation qui le frappait; il se retira à St-Amour, sa patrie, petite ville de la Franche-Comté, qui ne faisait point alors partie de la monarchie française, mais relevait de l'Empire.

Tout en obéissant, il protesta contre l'arrêt qui l'avait condamné sans l'entendre. Empruntant le noble langage des muses, auquel il n'était pas étranger, il adressa une requête au monarque français. Ce n'est pas sa grâce qu'il sollicite, il est innocent; mais il supplie le roi de le faire comparaître devant lui et d'écouter sa défense, autrement il en appelle du jugement des hommes à celui de l'Être suprême. Voici cette pièce intéressante, que nous rapportons en entier malgré sa longueur.

LA COMPLAINTE DE MAITRE GUILLAUME DE SAINT-AMOUR.

Oiez prélat et prince et roi,
La des resou et le desroi
Qu'on a fet à Mestre Guillaume ;
L'en l'a banni de cest royaume,
A tel tort ne morust mès hom
Qui escille homme sans reson.
Je dis que Diez qui vit et règne
Le doit escillier de son règne.

Qui droit refuse, guerre quiert ;
Et Mestre Guillaume requiert
Droit et reson, sans guerre avoir.
Prélat, je vous faz a savoir
Que tuist en êtes avillié.
Mestre Guillaume ont escillié
Où li roi ou li apostoles ;
Or vous dirjai à briès paroles
Que se l'apostoile de Romme
Puest escillier d'autrui terre homme,
Le sire n'a nient en sa terre,
Que la vérité veut enquerre.

Ecoutez, prélats, princes et rois, l'injustice et l'insulte qu'on a faites à Maître Guillaume. Or jamais homme ne mourut dans un si grand tort, que celui qui exile un citoyen sans raison. Je dis que Dieu qui vit et règne doit l'exiler de son royaume.

Qui refuse ce qui est juste, cherche la guerre, et Maître Guillaume demande justice et raison, sans vouloir la guerre. Prélats, je vous fais savoir que vous êtes tous avilis de son exil. Car c'est le roi ou le pape qui a exilé Maître Guillaume. Or je vous dirai en peu de paroles, que si le pape de Rome peut exiler un homme de la terre d'autrui, le sire n'a plus rien en sa terre; cela est évident pour qui veut chercher la vérité.

(2) Jehan de Meung, surnommé Clopinel, parce qu'il était boiteux, né à Meung-S.-Loire, vers 1260, mort à Paris en 1320, continua le roman de *la Rose* de Guillaume de Loris.

Si li roi dis en tel manière
Qu'escillié l'ait par la prière
Qu'il ot de la pape Alexandre,
Ci poez novel droit aprendre ;
Mais je ne sais comment a non
Qu'il n'est en droit ne en canon.
Car roi ne se doit pas mesfère
Por chose qu'on li sache fère.

Si li roi dist qu'escillié l'ait
Ci a tout, et péché et fait,
Qu'il n'a fiert ne a roi ne a conte
S'il entend que droiture monte,
Qu'il escille homme c'on ne voie,
Que par droit escillier le doie ;
Et se il autrement le fet,
Sachez de voir qu'il se meffet.

Si cil devant Diez lui demande
Je ne répond pas de l'amande ;
Si sans d'Abel requist justise
Quand la personne fut occise.
Parce que le véer à plain
Que je n'ai pas tort si le plain,
Et que ce soit sans jugement
Qu'il sueffre cet escillement,
Je vous le monstre à iez vojans
Ou drois et tors et voirs noiant.

Bien avez oï la discorde,
(Me convient pas que la recorde)
Qui a duré tant longuement,
(VII ans tos plains entièrement)
Entre la gent St-Dominique
Et cels qui lisent la logique.
Assez i ot PRO ET CONTRA
L'un et l'autre souvent encontra,
Allant et venant à la cort,
Le droit aux clercs furent la cort.
Quart cil i firens lor valoir
Cui qu'en deust locuer doloir,
D'escommenier et d'assoudre ;
Cui blez ne faut, souvent peut moudre.

Li prélat sorent cele guerre :
Si commencièrent à requerre
L'Université et li frère
Qui sont nés de plus de iiij mères.
Qu'ils lor lessaissent la paix fère,
Et guerre si doit mnlt desplere
A gens qui pais et foi sermonnent,
En qui les bons exemples donnent,
Par parole et par fer ensamble
Si comme alors œvre me samble,
Ils s'accordèrent à la pès
Sans commencer guerre jamès.
Ce fut fiancé à tenir
Et scéelé par souvenir.

Mestre Guillaume au roi vint,

Si le roi dit pour s'excuser, qu'il l'a
exilé à la prière qu'il en reçut du pape
Alexandre, vous pouvez alors appren-
dre un nouveau droit ; mais je ne sais
quel nom lui donner, car il n'est ni dans
le droit civil ni dans le droit canon.
D'ailleurs un roi ne doit pas commettre
d'injustice, quelque chose qu'on sache
faire pour l'y contraindre.

Si le roi dit qu'il a exilé Guillaume
de son propre mouvement, en ·ce cas
c'est lui qui porte tout, le péché et la
honte ; car il importe à un roi et à un
comte, s'il veut que la droiture règne,
de ne pas exiler un homme, sans qu'on
voie qu'il était dans le juste en l'exi-
lant, et s'il agit d'une autre façon, sachez qu'il fait mal.

Si cet homme lui en demande raison
devant Dieu, je ne réponds pas du résul-
tat. Le sang d'Abel requit justice, quand
son corps eut péri. Mais pour que vous
voyiez que je n'ai pas tort de plaindre
Maître Guillaume, et de dire que c'est
sans jugement qu'il souffre son exil,
je vais vous montrer clairement qu'à
son égard on a violé le droit, et qu'on
n'a tenu aucun compte de la vérité.

Vous avez entendu parler de la discorde (il est inutile que je la rappelle),
qui a duré longtemps, (sept ans tout
entiers), entre l'ordre de St-Dominique
et ceux qui enseignent la logique. Il y
eut du POUR ET DU CONTRE dans cette
affaire. Les uns et les autres se ren-
contrèrent souvent, allant et venant
devant la Cour, qui finit par donner
raison aux clercs. Car peu leur impor-
tait à qui cela causerait de la peine.
C'est-à-dire qu'ils obtinrent la faculté
d'excommunier et d'absoudre. Qui a
du bled peut moudre souvent.

Les prélats apprirent cette guerre ;
ils commencèrent alors à prier les frères
qui sont nés de plus de quatre mères, de
leur laisser faire la paix ; car la guerre
doit déplaire beaucoup à des gens qui
prêchent la paix et la foi, et devraient
donner de bons exemples en paroles et
en actions, tout ensemble. Ainsi qu'il
me semble, d'après leurs conventions,
ils furent d'accord pour la paix, et dé-
clarèrent qu'ils n'auraient plus jamais
de querelles.

On jura de tenir cette convention, et
on la scella pour s'en souvenir.

Maître Guillaume vint trouver le roi ;

Là où des gens et plus de XX,
Si dit : « Sire, nous sons en mise
« Par le dit et par la devise
« Que li prélat deviseront
« Ne sai se cil la briseront. »

Li roi jura : » En nom de mi,
Ils n'auront tous à anemi,
S'ils la brisent, sachiez sans faible,
Je n'ai cure de lor bataille.

Là Mestre parti du palès
Où assez or et clercs et lais
Sans ce que puis ne meffeist
Ne la pais pas ne deffeist

Si l'escille sans plus véoir,
Dois eis escillement séoir
Ne nil qui a droit jugerait
Qui droiture et s'ame ameroit.

Por fesait li rois une chose
Que Mestre Guillanme propose
A fère voir, ce que il conte,
Que l'oïsent, et le roi et conte,
Et prince et prélat tout ensamble
S'il dit rien que vérité samble,
S'el face l'en, ou autrement
Mainte âme ira à dampnement.
S'il dit chose qui face à tère,
A énumérer ou à deffère,
Mestre Guillaume de tout s'offre
Et otrie s'il ne sueffre.

Nedites pas que ce requière
Por venir el royaume arrière ;
Mais s'il dit rien qu'aux âmes vaille,
Quand il aura dit, si s'en aille,
Et vous ayez sor sa requeste
Conscience pure et honeste.

Et vous tuit qui le dit oez,
Quand Diez se montrera cloez
Que c'est au jour du grand juise,
Pour lui demander a justise,
Et vous sor ce que je raconte
Si en aurez pœor et honte.
En droit de moi vous puis-je dire,
Je ne redoute pas le martire,
De la mort d'où qu'elle me viègne
S'elle me vient pour tel besoingne.

et en présence de plus de vingt personnes, il lui dit : « Sire, nous sommes décidés à faire la paix, par le moyen et dans les termes que les prélats voudront ; je ne sais si nos adversaires la rompront. »

Le roi reprit : Par mon nom, ils pourront me regarder comme leur ennemi s'ils la brisent, et soyez assuré que dans ce cas, je me moquerai de leurs criailleries.

Là dessus, Maître Guillaume partit du palais où il y avait beaucoup de clercs et de laïcs, et depuis il n'a pas fait la moindre démarche qu'on put mal interpréter, ni attaqué la paix.

Et cependant on l'a exilé, sans autre forme de procès. Qui voudra juger avec justice, qui aimera la droiture et son âme, ferait casser ce jugement.

Pourquoi le roi ne fait-il pas une chose que Maître Guillaume propose, savoir de l'autoriser à déduire ses raisons devant le roi, les princes et les prélats réunis ? S'il dit vrai qu'on l'écoute, autrement il y aura mainte âme damnée ; s'il dit des choses qu'on doit passer sous silence, qui méritent la prison ou le supplice, eh bien il offre et livre sa personne tout entière.

Ne dites pas qu'il demande cela, pour revenir dans le royaume ; car s'il dit la moindre chose qui puisse causer du dommage aux âmes, qu'on le renvoie aussitôt qu'il aura parlé ; mais au moins ayez la conscience pure et nette à l'égard de sa requête.

Et vous tous qui écoutez mes paroles quand Dieu se montrera cloué sur la croix, c'est-à-dire au jour du grand jugement, il demandera justice pour Maître Guillaume. Alors, vous sur ce que je raconte, vous aurez à la foi honte et peur. Mais moi aussi je puis vous le dire, je ne redoute pas de souffrir la mort, de quelque part qu'elle me vienne, si elle me vient pour une telle cause.

Explicit de Mestre Guillaume de St-Amour (1).

(1) Chez les anciens, les livres n'étaient pas comme chez nous, formés de cahiers réunis ; ils se composaient de feuilles roulées autour d'un morceau de bois ou d'ivoire arrondi. Pour lire une page, il fallait donc nécessairement la dérouler peu à peu, et, lorsqu'on était arrivé à la fin, on disait : *explicit*, c'est-à-dire, il n'y a plus rien à dérouler, le livre finit ici, *fin*, d'où vient ce mot que nous retrouvons souvent à la fin des manuscrits du moyen-âge.

Quel que soit le jugement que l'on porte sur Guillaume, on ne peut s'empêcher d'admirer ce noble et courageux langage. Il fallait qu'il eût bien le sentiment de son innocence, celui qui ne craignait point de parler ainsi à un puissant monarque. Son souvenir inspirait peut-être cet autre Franc-Comtois, qui lui aussi, victime d'une condamnation inique, prononcée comme celle de Guillaume, par un pape et par un roi, s'écriait sur l'échafaud prêt à le consumer :

> « .... Il est dans le ciel un tribunal auguste
> « Que le faible opprimé jamais n'invoque en vain,
> « Et j'ose t'y citer, ô pontife romain !
> « Encore quarante jours !...... Je t'y vois comparaître.
> . . . .
> « .... O Philippe, ô mon maître, ô mon roi,
> « Je te pardonne en vain, ta vie est condamnée ;
> « Au tribunal de Dieu, je t'attends dans l'année (1).
>
> RAYNOUARD. — (Les Templiers.)

Sans doute, le sort de Guillaume fut moins cruel que celui de Molay, l'exil ne saurait se comparer au bûcher. Mais tous les deux frappés d'une injuste condamnation montrèrent un courage égal, et ne craignirent pas d'en appeler du jugement des puissances de la terre à celui du Maître suprême.

« Il est extrêmement curieux, dit M. Tissot, de voir le ver-
« tueux St-Louis, le grand justicier, qui tenait ses royales assises
« sous un chêne de la forêt de Vincennes, encourir le reproche
« d'avoir exilé un homme sans l'entendre, et cédé, pour com-
« mettre cette iniquité, à un ordre ou à une prière du pape
« Alexandre. Guillaume avait raison de réclamer le redressement
« du tort que le prince lui avait fait, en le condamnant d'une
« manière arbitraire et sans aucun jugement légal. La décision
« de St-Louis est une véritable lettre de cachet. Si le roi eût
« connaissance des plaintes de sa victime, il dût être ému de
« se voir cité par un simple particulier, au tribunal de Dieu,
« pour la réparation d'une injustice qui n'offensait pas moins la
« religion que la loi humaine et les principes éternels de l'é-
« quité. » (2).

---

(1) Jacques Molay, dernier grand-maître des Templiers, naquit vers 1240, au château de Molay, situé dans la commune du même nom, canton de Chemin, département du Jura.

Les richesses immenses des Templiers ayant excité la cupidité de Philippe-le-Bel, il obtint du pape Clement V la suppression de leur ordre, accusé de crimes imaginaires. Puis avec le consentement du Souverain-Pontife, il fit juger et condamner à mort tous les Templiers qui étaient dans ses Etats. Toutes les formes de la Justice furent violées dans ce procès. Jacques Molay ne fut pas moins brûlé vif le 18 mars 1314, à la pointe de l'île de la Cité. — Selon une tradition populaire, Molay, du haut de son échafaud, ajourna le pape à paraître devant Dieu dans quarante jours, et le roi dans l'année ; tous les deux en effet moururent avant le terme fixé. — M. Raynouard a tiré de cette catastrophe lo sujet de la belle tragédie des *Templiers.*

(2) Tissot, *Leçon de littérature française, ancienne et moderne.* Paris, 1836.

§ X.

La disgrâce de Guillaume nous le montre sous un nouveau jour ; ce n'est plus seulement un illustre docteur, c'est le père des pauvres, le bienfaiteur de son pays. Les triomphes de la chaire, ceux de l'enseignement lui sont interdits ; il n'a plus de lutte à soutenir, il cherche des misères à soulager. Hélas, à aucune époque, elles ne font défaut à l'homme généreux qui veut leur venir en aide. Guillaume consacra sa fortune qui était considérable, à fonder le premier hôpital qu'ait possédé notre ville, et après plus de six siècles, cet établissement est riche encore de ses dons.

C'est par la pratique de telles vertus qu'il sût trouver le bonheur au sein de l'exil. Mais l'Université regrettait l'un de ses professeurs les plus habiles, dont l'absence laissait un vide dans son enseignement. D'un autre côté, les amis de Guillaume s'indignaient de sa trop longue disgrâce. En toute occasion, ils en demandaient la réparation. Leur voix persévérante fut enfin entendue.

Le pape Alexandre IV était mort en 1261 ; Clément IV, ce pape si pieux et d'une mémoire si vénérée, occupait la chaire de St-Pierre. Il écouta les défenseurs de Guillaume, et non-seulement il le releva de toutes les censures portées contre lui, mais il lui permit de revenir à Paris. Il accepta même la dédicace d'un de ses principaux ouvrages, *collectiones scripturæ sacræ*, et lui adressa à ce sujet une lettre pleine de bienveillance et d'affection.

Le retour de Guillaume à Paris fut un véritable triomphe ; il reçut de la population de la capitale cet accueil qui fait pâlir l'envie, et que l'enthousiasme général seul peut accorder.

« La foule se porta avec un tel empressement à sa rencontre,
« qu'on ne saurait, si l'on s'en rapporte aux récits du temps,
« le comparer qu'à la joie qui plus tard accueillit Voltaire dans
« la même ville » (1).

Par cette ovation glorieuse, on célébrait à la fois le grand écrivain, le courageux défenseur des droits de l'Université, et le citoyen bienfaisant qui avait fait un si généreux emploi des jours de son exil.

§ XI.

Malgré ces honneurs, malgré les efforts de ses nombreux amis, et de ses admirateurs plus nombreux encore, Guillaume

______

(1) **Tissot,** *Loco suprà dicto.*

ne fit pas un long séjour à Paris, il revint à Saint-Amour. Sans doute son entrée y fut moins pompeuse, mais son retour fut salué par les bénédictions des malheureux, et cette douce jouissance lui fit oublier les gloires de la capitale.

Quelques années s'écoulèrent encore pour lui, pendant lesquelles son existence fut partagée entre l'étude et les exercices de la religion. On voit encore au fond du jardin de l'ancien hôpital, une tour bien conservée que l'on nomme *la tour de Guillaume*. Si l'on en croit la tradition, elle renfermait le cabinet de travail de l'ancien recteur de l'Université de Paris; c'est là qu'il écrivit quelques-unes de ces pages qui eurent un si grand retentissement dans toute l'Europe chrétienne, et qui aujourd'hui sont à peine connues de quelques érudits de profession.

Le 13 septembre 1272, Guillaume mourut avec piété comme il avait vécu.

Voici sur sa mort quelques détails intéressants extraits d'un manuscrit trouvé dans les papiers du chapitre de l'église collégiale de Saint-Amour.

« L'an de Notre-Seigneur, mil deux cent septante-deux, mou-
« rut vénérable homme, Messire Guillaume de Saint-Amour,
« docteur en Sainte Théologie, homme très-docte et très-ex-
« cellent, lequel étant travaillé au lit de maladie extrême,
« très sain de sens et d'entendement, demanda que le précieux
« corps de Jésus-Christ lui fut apporté, et quand on le lui pré-
« senta, en la présence du peuple, il confessa grandement la
« foi de notre sauveur et Seigneur en ces paroles : Voici sous
« les espèces du pain, le vrai Dieu et le vrai homme. Le père
« engendra le fils éternellement ; lequel est né de la vierge
« Marie ; passible, il a conversé avec les hommes passibles ;
« homme passible, a été crucifié ; mort, comme les hommes
« passibles, et ressuscité de mort le 3ᵉ jour, impassible ; monta
« aux cieux le quarantième jour après sa résurrection, Dieu et
« homme impassible.

« Alors il reçut le précieux corps de Jésus-Christ, en grande
« révérence et crainte, en présence de Messire Etienne, cha-
« pelain de St-Amour, Messire Etienne, curé de Dompsure, de
« Guillaume Cachot, de Guillaume Bousiel, de Guichard de Ville-
« Neuve, prêtre, de Messire Pierre, de St-Amour, chanoine de
« Mâcon, de Messire Guy Camus, Clerc et de plusieurs autres (1).»

Voilà dans quels sentiments mourut cet homme que ses ennemis n'ont pas craint d'accuser d'hérésie et d'impiété.

---

(1) Ce passage est rapporté par M. le Chevalier de Chaignon, membre du Conseil général du Jura, et Maire de Saint-Amour, dans une excellente notice sur l'histoire de notre ville, qu'il écrivit en 1808, à la demande de M. Béchet, secrétaire-général de la Préfecture, lequel préparait un *Dictionnaire géographique et historique du Jura*. M. de Chaignon cite plusieurs fois le manuscrit trouvé dans les papiers du Chapitre ; malheureusement il ne dit pas ce qu'est devenu ce précieux document qu'il paraît avoir eu à sa disposition.

§ XII.

Le tombeau de Guillaume ne fut point placé dans l'église paroissiale de Saint-Amour, comme on le croit généralement, mais en dehors de cette église, du côté du vent, près de la porte principale. Il était placé en partie dans la muraille, sous une petite voûte, comme on en voyait beaucoup en ce temps-là.

Voici l'épitaphe qui était gravée sur la pierre tumulaire :

> « Dux et lux cleri, cor et sententia, veri,
> « Vir pius et charus viduis, jacet hic tumulatus.
> « Omnibus, hunc, horis, plebs sancti plangat amoris,
> « Tutorem villæ, tutor quia deficit ille (2).

Obiit 1272.

C'est auprès de cette tombe que les bourgeois de Saint-Amour s'assemblaient chaque année, pour nommer le nouveau recteur de l'hôpital, et tous les dimanches, après la grande messe de la familiarité, le clergé allait processionnellement y dire un *De profundis*.

Ces usages montrent combien était grande la vénération que les habitants de Saint-Amour avaient conservée pour la mémoire de Guillaume, regardé comme le bienfaiteur de la ville.

Plus tard, à une époque que nous ne saurions préciser, mais probablement lors de la translation hors de la ville, du cimetière que l'on avait établi autour de l'église, le tombeau qui contenait les restes de Guillaume fut transporté dans un caveau situé sous le maître autel, du côté de l'évangile. On plaça la pierre tumulaire qui contenait l'épitaphe, sur l'entrée de ce caveau, où ont pu la voir bien des personnes encore vivantes. C'est ce qui a fait croire que Guillaume avait été, dès sa mort, inhumé dans l'église même.

En 1822, l'église fut restaurée et entièrement dallée à neuf ; cette même pierre fut déplacée encore une fois, et employée à paver un corridor extérieur qui sert de passage pour entrer dans le chœur. Elle y est encore aujourd'hui, mais on ne peut plus lire qu'une partie de l'inscription, presqu'entièrement effacée par les pas des fidèles. Il est bien à regretter que cette tombe si révérée autrefois n'ait pas reçu une destination plus convenable (2).

---

(1) Voici la traduction de cette épitaphe :

« Ici repose le chef et la lumière du clergé, un cœur rempli de l'amour de la vérité, un « homme pieux et cher aux indigents. Qu'à toute heure la population de Saint-Amour « pleure son protecteur, puisque ce protecteur lui a été enlevé. Il est mort en 1272.»

(2) Une personne tout à fait digne de foi m'a dit qu'en 1822, elle descendit dans le caveau. Elle y vit au milieu, un tombeau recouvert d'une pierre sans inscription, sur la-

M. de Dananche aîné, possédait une statue en pierre de Guillaume, soustraite par son père au vandalisme de 93, elle était placée dans son parc au pied d'une très-belle croix gothique. En 1849, M. Corneille Saint-Marc, alors principal du collége de Saint-Amour, prononça à la distribution des prix, l'éloge de Guillaume. A cette occasion, M. de Dananche voulut bien lui faire don de cette statue qui est aujourd'hui déposée dans la chapelle du collége.

Guillaume est représenté à genoux, les mains jointes, et les yeux levés vers le ciel ; il porte le costume des docteurs en Sorbonne. Par la pose de cette statue, on peut, je crois, juger qu'elle était primitivement placée sur le tombeau de Guillaume.

L'hôpital de St-Amour conserve le portrait de son fondateur.

§ XIII.

Guillaume avant de mourir, voulut assurer après lui, l'existence de l'hôpital qu'il avait fondé. Par son testament fait en 1272, l'année même de sa mort, il régla tout ce qui concernait le régime et l'administration de cette maison ; il prescrivit les formalités à observer pour la nomination des recteurs, dont les uns devaient être ecclésiastiques et les autres laïcs.

Ensuite venaient les legs et les donations :

« *Item*. Je donne huit cents livres à l'hôpital que j'ai fondé à « Saint-Amour, pour le salut de mon âme, de celles de mes « parents et amis, et aussi pour le salut de l'âme de Hugues, « illustre duc de Bourgogne (1), et afin qu'il reçoive et loge les « pauvres de Notre-Seigneur, tant en santé que malade.

« *Item*. Je donne et lègue au dit hôpital tous ceux de mes « biens, immeubles, dont je n'aurai pas disposé autrement. Je « veux que Pierre mon neveu, auquel j'ai légué une partie de mes « biens immeubles, fasse remise au dit hôpital, en récompense « de son utilité, des droits que cet établissement aurait à payer.»

C'est cette disposition qui a fait croire que Guillaume était de la famille des Seigneurs de Saint-Amour. En effet, par ces droits dont il prescrit la remise, on ne peut guère entendre que les *lods et vente* des biens légués ; or on sait que les lods étaient l'impôt qu'un héritage devait à chaque mutation, au

---

quelle étaient déposés les restes d'une calotte d'ecclésiastique, et d'une paire de sandales qui probablement avaient appartenu à Guillaume. On n'enleva point ces objets, le caveau fut refermé, mais la pierre tumulaire ne fut point replacée, de sorte que malheureusement rien n'indique le lieu où reposent les restes de l'illustre docteur.

(1) Hugues IV, fils d'Eudes III et d'Alix de Vergy, né le 9 mars 1212, succéda à son père le 6 juillet 1218. Il mourut vers la fin de 1272, la même année que Guillaume.

Seigneur dont il relevait immédiatement. Si cet impôt était dû à Pierre, il faut en conclure qu'il possédait le domaine direct de Saint-Amour, et qu'il était ainsi que son oncle de la famille des seigneurs de cette terre.

Mais alors quel était ce Pierre?..... C'est ce que nous ne saurions dire. Pendant le XIIIe siècle, la seigneurie était possédée par la maison de Laubépin, dans laquelle, malgré toutes nos recherches, nous n'avons pu découvrir personne du nom de *Pierre*.

Quelle que fut la naissance de Guillaume, sa fortune était considérable, car non-seulement il fonda l'hôpital de Saint-Amour, qu'à ses derniers moments il enrichit par ses libéralités, mais son testament contient d'autres legs importants qui font connaître sa piété et sa bienfaisance. Ainsi il fit plusieurs dons à la fabrique de Saint-Suplice (1), et prescrivit d'acheter des calices en argent pour les dix paroisses de l'archiprêtré de Coligny qui en manquaient (2).

Ce n'est pas tout : notre contrée n'était point alors comme aujourd'hui, sillonnée par des routes nombreuses et bien entretenues. La plupart des chemins étaient impraticables ; le moindre ruisseau opposait au voyageur un obstacle souvent difficile à franchir. Par un codicile du mois de septembre 1272, c'est-à-dire bien peu de jours avant sa fin, puisqu'il mourut le 13 septembre, il ordonna qu'une partie de sa fortune serait employée à construire, dans tous les lieux du territoire de Saint-Amour, où cela serait jugé nécessaire, des ponts exempts de tout péage. — Ce fut le dernier, mais ce ne fut pas le moindre des services qu'il rendit à son pays. Malgré tous ces legs, Guillaume laissa une fortune considérable à Pierre son neveu, dont nous avons déjà parlé.

Une copie du testament de Guillaume est déposée dans les archives de l'hôpital.

§ XIV.

Après avoir fait connaître tout ce que nous savons de la vie de Guillaume, il nous reste pour compléter notre travail à parler de ses écrits.

Une partie de ses œuvres fut imprimée pour la première fois, à Bâle, en 1555. Une seconde édition beaucoup plus complète

(1) Saint-Sulpice, ancienne paroisse dans le voisinage de Saint-Amour, n'est plus aujourd'hui qu'une annexe de celle de Condal (Saône-et-Loire), à laquelle elle a été réunie en 1809.

(2) L'archiprêtré était une circonscription ecclésiastique à la tête de laquelle était un *archiprêtre* qui répondait à ce que nous appelons aujourd'hui *curé doyen*. Saint-Amour faisait partie de l'archiprêtré de Coligny.

en fut faite à Constance, en 1637, elle forme un seul volume in-4°. Ce livre est très-rare ; les moines mendiants, n'ont rien négligé pour le détruire, et dans ce but, ils l'on racheté partout où ils ont pu se le procurer. Lorsque j'ai écrit l'éloge de Guillaume en 1849, MM. les bibliothécaires de Lons-le-Saunier, de Bourg et du grand séminaire de Lons-le-Saunier, l'ont avec une complaisance que je ne saurais trop reconnaître, cherché inutilement dans les dépôts confiés à leurs soins. Ce qui est plus ·extraordinaire, il n'est point à la bibliothèque impériale à Paris. Il y en avait un exemplaire à la bibliothèque des Capucins de Saint-Amour, il a disparu lors de la suppression du couvent, il est probable qu'il se trouve en la possession de quelque personne de notre ville, qui en ignore la valeur. Il en existait un à la bibliothèque des Jésuites de Lyon, qui forme aujourd'hui la bibliothèque de la ville. Nous ne savons s'il y a été conservé.

L'exemplaire que je suis enfin parvenu à me procurer, appartient à la bibliothèque de Vesoul, où l'on a bien voulu me le confier ; il porte le n° 6657. Il provient du monastère de Faverney, village à trois lieues de Vesoul, comme l'indique cette note manuscrite, placée sur le premier folio du volume : « Mon. Beatæ Mariæ Favernensis. Empt. 1776. » C'est un volume in-4° de 506 pages, non compris l'introduction qui en contient 76.

Il y avait en tête le portrait de Guillaume, ce qui est facile à reconnaître par le décalque qu'il a laissé sur le premier folio ; malheureusement on l'a enlevé.

Voici la copie littérale du titre de l'ouvrage :

Magistri Guillielmi de sancto amore sacræ facultatis théologiæ Parisiensis, è celeberrima domo sorbonica doctoris, olim integerrimi, opera omnia quæ reperiri potuerunt, in quibus ad defensionem ecclesiasticæ hierarchiæ, et ad instructionem et prœparationem simplicium Christi fidelium de periculis novissimorum temporum agitur. Contra pseudo prœdicatores, hypocritas, et penetrantes domos et otiosos et curiosos et gyrovagos.

Constantiæ ad imaginem Bonæ fidei, apud Alithophilos.

Anno d. M. D. C. XXXII.

« Œuvres de très-honorable Maître Guillaume de St-Amour,
« de la sacrée faculté de théologie de Paris, docteur de la très-
« célèbre maison de Sorbonne, contenant tous ceux de ses ouvra-
« ges que l'on a pu trouver, et dans lesquels il traite de la hié-
« rarchie ecclésiastique, de l'instruction et de la préparation des
« fidèles serviteurs du Christ, des périls de ces derniers temps,
« contre les faux prédicateurs, les hypocrites, ceux qui s'intro-
« duisent dans les maisons, les oisifs, les curieux et les gyro-
« vagues.

« À Constance, à l'enseigne de la Bonne foi, chez Alithophilès,
« an 1632. »

Nous avons parlé précédemment du livre *des Périls de ces derniers temps*, nous n'y reviendrons pas ; nous allons faire connaître sommairement les autres ouvrages de notre auteur.

I. *Des ouvrages et de la doctrine de Maître Guillaume de St-Amour.*

A Chrétien Philalethès. — *Préface historique et apolégitique,* par Jean Alithophilès.

Cette introduction est un récit long et diffus du procès entre l'Université et les ordres mendiants, et de la part qu'y a prise Guillaume. Elle est intéressante cependant, par le nombre de documents authentiques qu'elle contient. Les plus importants sont les nombreuses bulles d'Alexandre IV, relatives à cette affaire, sa lettre à St-Louis, quelques décrets et lettres de l'Université, etc.

II. *Commentaires des psaumes de David.*

Dans la préface, Guillaume annonce l'intention de commenter les psaumes de David ; il dit dans quel but ils ont été écrits ; il établit leur division en trois parties comprenant chacune 50 psaumes et correspondant aux trois états de l'homme.

Nous n'avons que le commentaire du premier psaume et encore n'est-il pas achevé, il ne contient que quelques lignes qui offrent peu d'intérêt. Observons que c'est le seul écrit de Guillaume dans lequel il ne parle pas de sa querelle avec les ordres mendiants.

III. *Sermon sur le Publicain et le Pharisien.*

C'est une explication en forme de sermon de la parabole du Pharisien et du Publicain tirée de l'évangile de St-Luc.

Cette satire, écrite avec esprit, est la première attaque de Guillaume contre les ordres mendiants ; il compare le clergé régulier au Pharisien, et le clergé séculier au Publicain.

IV. *Question unique sur la valeur de l'aumône.*

L'auteur s'attache à prouver par une suite de citations empruntées aux saintes écritures et aux Pères de l'église qu'il n'est point permis à un homme de se dépouiller de tout ce qu'il possède, de telle sorte qu'il ne conserve rien pour lui-même, et se réduise volontairement à la mendicité. Guillaume cite d'abord certains passages des évangiles sur lesquels s'appuient ceux qui prétendent que la mendicité est un état de perfection. Il reprend ensuite chacun de ses passages en particulier, leur en oppose d'autres empruntés aux mêmes évangiles et aux SS. Pères, d'où il tire avec une grande habileté des arguments en faveur de sa thèse.

V. *Question unique sur les mendiants valides.*

Faut-il faire l'aumône à un mendiant valide et en état de travailler, encore qu'on soit certain qu'il est pauvre ?

Guillaume conclut pour la négative, en employant les mêmes arguments que dans l'opuscule précédent.

VI. *Accusations portées contre Guillaume de St-Amour par les frères prêcheurs, avec ses réponses à chacune.*

Guillaume passe en revue tous les reproches qui lui ont été faits par ses adversaires, soit dans leurs écrits, soit quand ils l'ont accusé devant le Saint-Siège. Il réfute chacun de ces reproches en particulier, toujours en s'appuyant sur le texte des écritures.

VII. *Extraits des Saintes Ecritures, pour la défense de la hiérarchie ecclésiastique, l'instruction et la préparation des fidèles serviteurs du Christ, contre les périls dont l'Eglise est menacée par les hypocrites, les faux prédicateurs, ceux qui s'introduisent dans les maisons, les oisifs, les curieux et les gyrovagues.*

« Lis et relis, ami lecteur, car c'est ici le principal ouvrage de « Guillaume de St-Amour, celui dans lequel tu trouveras les « choses les plus importantes à connaître. »

Cet ouvrage est le plus étendu et le plus important de ceux qui nous restent de Guillaume. C'est là surtout qu'il se montre profond théologien. Il s'attache à démontrer que l'institution des ordres mendiants est contraire à l'esprit et à la lettre des Saintes Ecritures, et qu'elle met en péril l'église catholique elle-même, en substituant ceux qu'il appelle pseudo-prédicateurs et gyrovagues aux véritables pasteurs. Le livre des *périls* et les autres opuscules de Guillaume ne sont que des extraits de cet ouvrage, faits sans doute pour être à la portée d'un plus grand nombre de lecteurs.

Cet ouvrage est divisé en cinq parties : nous allons donner le titre de chaque partie qui en fait connaître le sujet :

Première partie. — Des faux prédicateurs et de ceux qui pénètrent dans les maisons. — Ce qu'ils sont, et combien ils sont dangereux pour l'église générale.

Deuxième partie. — Des oisifs, des curieux et des gyrovagues. — Comment ils vivent en opposition avec la doctrine apostolique, et comment ils sont un péril pour l'église.

Troisième partie. — Par quelles ruses ces hypocrites trompent les fidèles serviteurs du Christ.

Quatrième partie. — A quels signes on peut distinguer les faux prédicateurs des véritables.

Cinquième partie. — Dans cette dernière partie, Guillaume nous apprend par qui et comment les périls qu'il a signalés doivent être écartés de l'église. Il dit quelle punition devrait être infligée à ceux qui se montreraient négligents à remplir ce devoir.

Ces cinq parties sont précédées d'une préface dans laquelle l'auteur expose les motifs qui l'ont porté à écrire cet ouvrage.

VIII. *Table des signes auxquels on peut distinguer les faux prédicateurs des véritables.*

Ce n'est guère qu'une table pour faciliter les recherches dans l'ouvrage précédent. Elle résume tous les reproches faits par Guillaume aux ordres mendiants, il n'y en a pas moins de 50.

IX. *Sermon prononcé par Guillaume de St-Amour, le jour de la fête des Saints Apôtres Jacob et Philippe, dans lequel il parle des périls de ces derniers temps.*

Ce sermon est sous une nouvelle forme, la répétition continuelle des attaques contre les ordres mendiants.

Tous les ouvrages de Guillaume sont écrits en latin, suivant l'usage du temps. Son style est clair et facile ; mais il donne trop souvent à ses raisonnements la forme sèche et aride du syllogisme, ce qui du reste est le caractère de son époque.

Dans tous ses écrits, il ne s'agit que de sa longue querelle avec les ordres mendiants : c'est une nécessité de sa position, attaqué sans cesse, il doit se défendre sans cesse, mais si le fond du sujet est toujours le même, il en rompt la monotonie par la variété des moyens qu'il emploie dans la lutte. — Si le sarcasme et la plaisanterie lui fournissent des armes toujours victorieuses, il sait quand il le faut, se montrer profond théologien, et réduire à néant par sa puissante logique les raisonnements de ses adversaires.

Mais si son ironie est amère, souvent même trop violente, si son argumentation ne craint pas de s'attaquer à toutes les impiétés religieuses, il importe de remarquer que dans ses ouvrages comme dans ses actions, il ne s'écarte jamais du respect que l'on doit aux choses sacrées ; s'il arrache le masque de l'hypocrisie, c'est pour honorer la religion. Toujours il unit le mérite de la piété au mérite de la science ; ainsi son savoir, ses vertus ne nous apparaissent pas moins dans ses écrits que son exil à St-Amour dont il fut le bienfaiteur, que dans les écoles dont il fut l'oracle, que dans l'Université dont il fut l'intrépide défenseur.

Typographie de **GAUTHIER FRÈRES**, à Lons-le-Saunier.

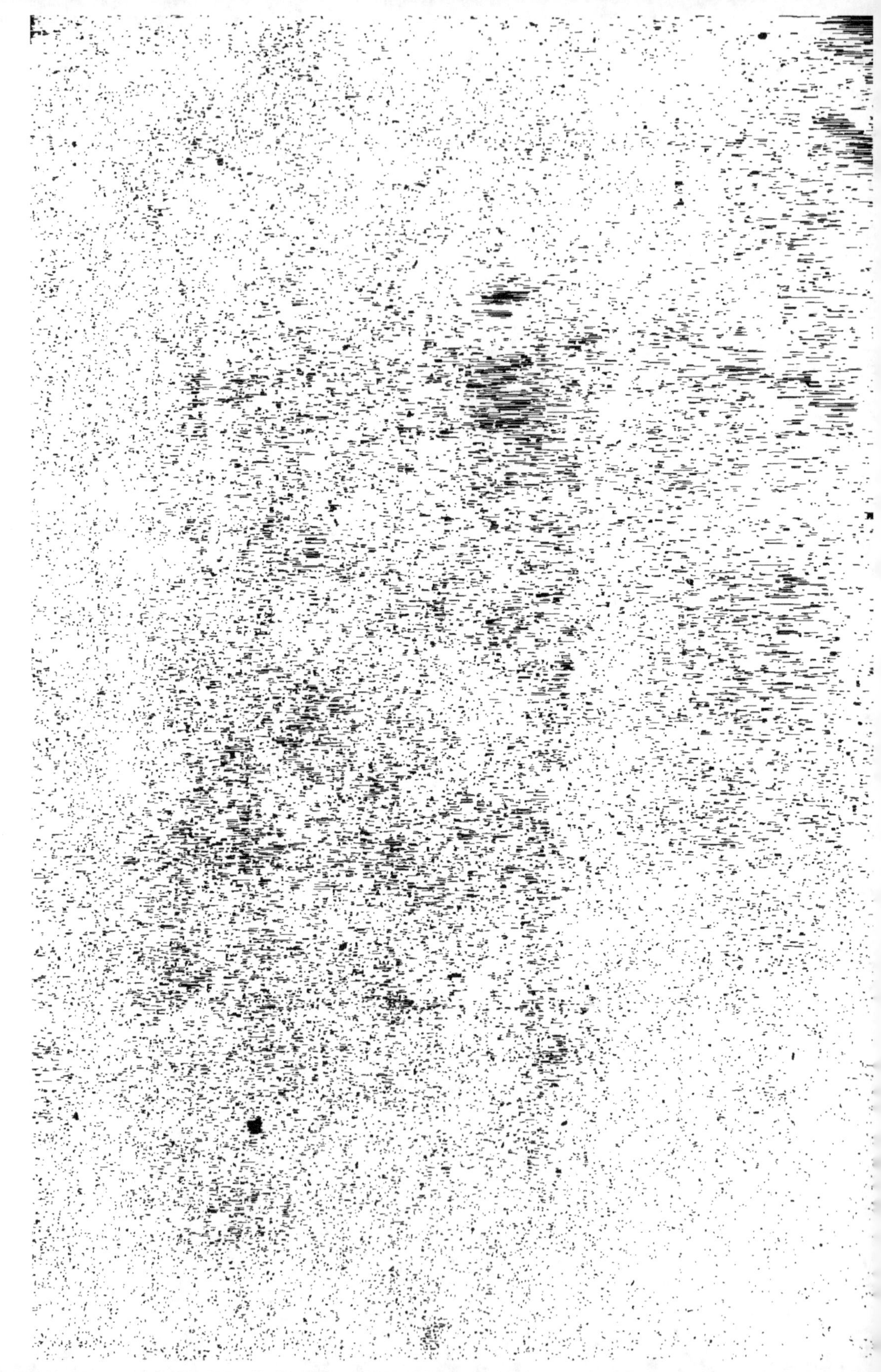